REISE
TAGEBUCH

Dieses Tagebuch gehört

....

....

....

....

....

Website Weitere Informationen, Inspirationen zur Verwendung des Reisetagebuchs und nützliche Links findet ihr unter: www.notizenvonunterwegs.de
Bilder Wir freuen uns über Fotos von eurem Reisetagebuch. Wenn ihr Lust habt, ladet eure Ideen mit dem Hashtag #musterausallerwelt hoch.

#musterausallerwelt

Impressum

Franziska Feldmann, Gunda Urban-Rump
REISE KNOW-HOW Reisetagebuch – Muster aus aller Welt

erschienen im
REISE KNOW-HOW Verlag Peter Rump GmbH
Osnabrücker Straße 79, 33649 Bielefeld

© REISE KNOW-HOW Verlag Peter Rump GmbH
1. Auflage 2019

Konzeption, Layout und Satz
Franziska Feldmann
Gunda Urban-Rump

Printed in Germany by Grafisches Centrum Cuno

ISBN 978-3-8317-3120-6

Alle Informationen in diesem Buch sind von den Autoren mit größter Sorgfalt gesammelt und vom Lektorat des Verlages gewissenhaft überprüft worden. Da inhaltliche und sachliche Fehler nicht ausgeschlossen werden können, erklärt der Verlag, dass alle Angaben im Sinne der Produkthaftung ohne Garantie erfolgen und dass Verlag und Autoren keinerlei Verantwortung und Haftung für inhaltliche und sachliche Fehler übernehmen.

Alles beginnt
mit dem

Fernweh

INDIEN

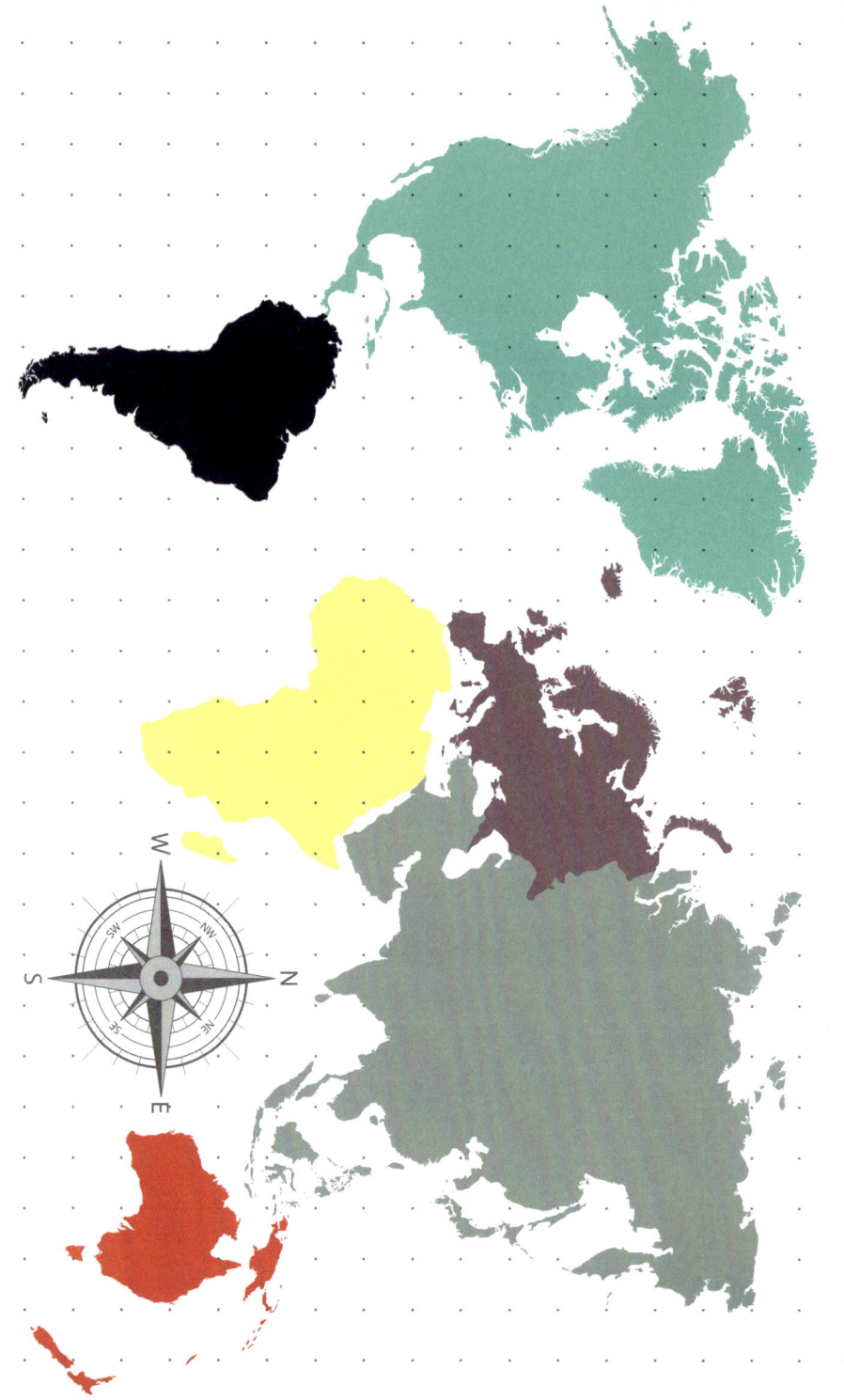

JANUAR

1	2	3	4	5	6	7
8	9	10	11	12	13	14
15	16	17	18	19	20	21
22	23	24	25	26	27	28
29	30	31				

FEBRUAR

1	2	3	4	5	6	7
8	9	10	11	12	13	14
15	16	17	18	19	20	21
22	23	24	25	26	27	28
29						

MÄRZ

1	2	3	4	5	6	7
8	9	10	11	12	13	14
15	16	17	18	19	20	21
22	23	24	25	26	27	28
29	30	31				

APRIL

1	2	3	4	5	6	7
8	9	10	11	12	13	14
15	16	17	18	19	20	21
22	23	24	25	26	27	28
29	30					

MAI

1	2	3	4	5	6	7
8	9	10	11	12	13	14
15	16	17	18	19	20	21
22	23	24	25	26	27	28
29	30	31				

JUNI

1	2	3	4	5	6	7
8	9	10	11	12	13	14
15	16	17	18	19	20	21
22	23	24	25	26	27	28
29	30					

JULI

1	2	3	4	5	6	7
8	9	10	11	12	13	14
15	16	17	18	19	20	21
22	23	24	25	26	27	28
29	30	31				

AUGUST

1	2	3	4	5	6	7
8	9	10	11	12	13	14
15	16	17	18	19	20	21
22	23	24	25	26	27	28
29	30	31				

SEPTEMBER

1	2	3	4	5	6	7
8	9	10	11	12	13	14
15	16	17	18	19	20	21
22	23	24	25	26	27	28
29	30					

OKTOBER

1	2	3	4	5	6	7
8	9	10	11	12	13	14
15	16	17	18	19	20	21
22	23	24	25	26	27	28
29	30	31				

NOVEMBER

1	2	3	4	5	6	7
8	9	10	11	12	13	14
15	16	17	18	19	20	21
22	23	24	25	26	27	28
29	30					

DEZEMBER

1	2	3	4	5	6	7
8	9	10	11	12	13	14
15	16	17	18	19	20	21
22	23	24	25	26	27	28
29	30	31				

Wann?	Was?	Wo?

Wann?	Was?	Wo?

Reisen lassen ein feines Gewebe entstehen: Gerüche, Farben und Gefühle
verbinden sich zu einem einzigartigen Erfahrungsmuster. Gunda Urban-Rump

40

61

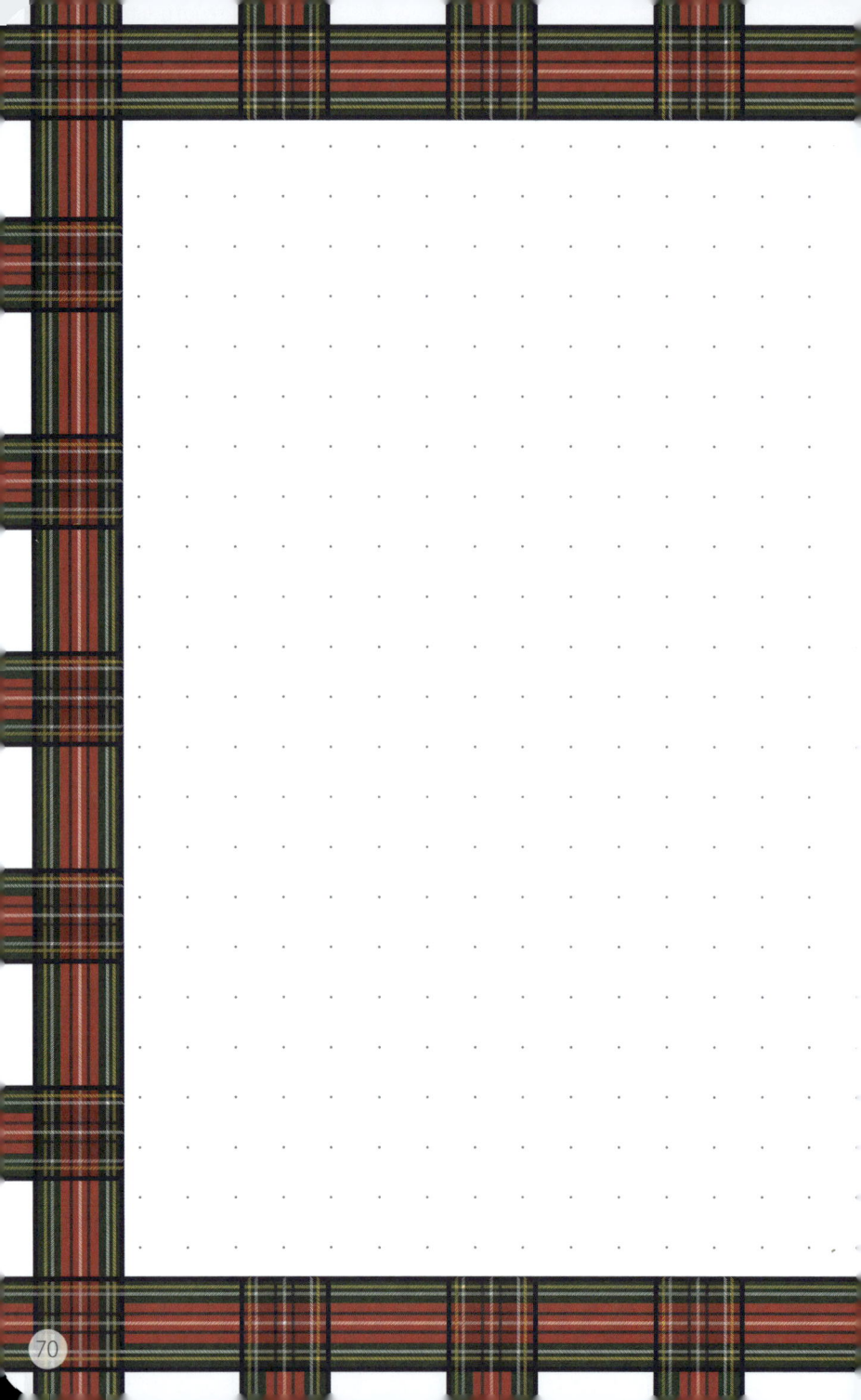

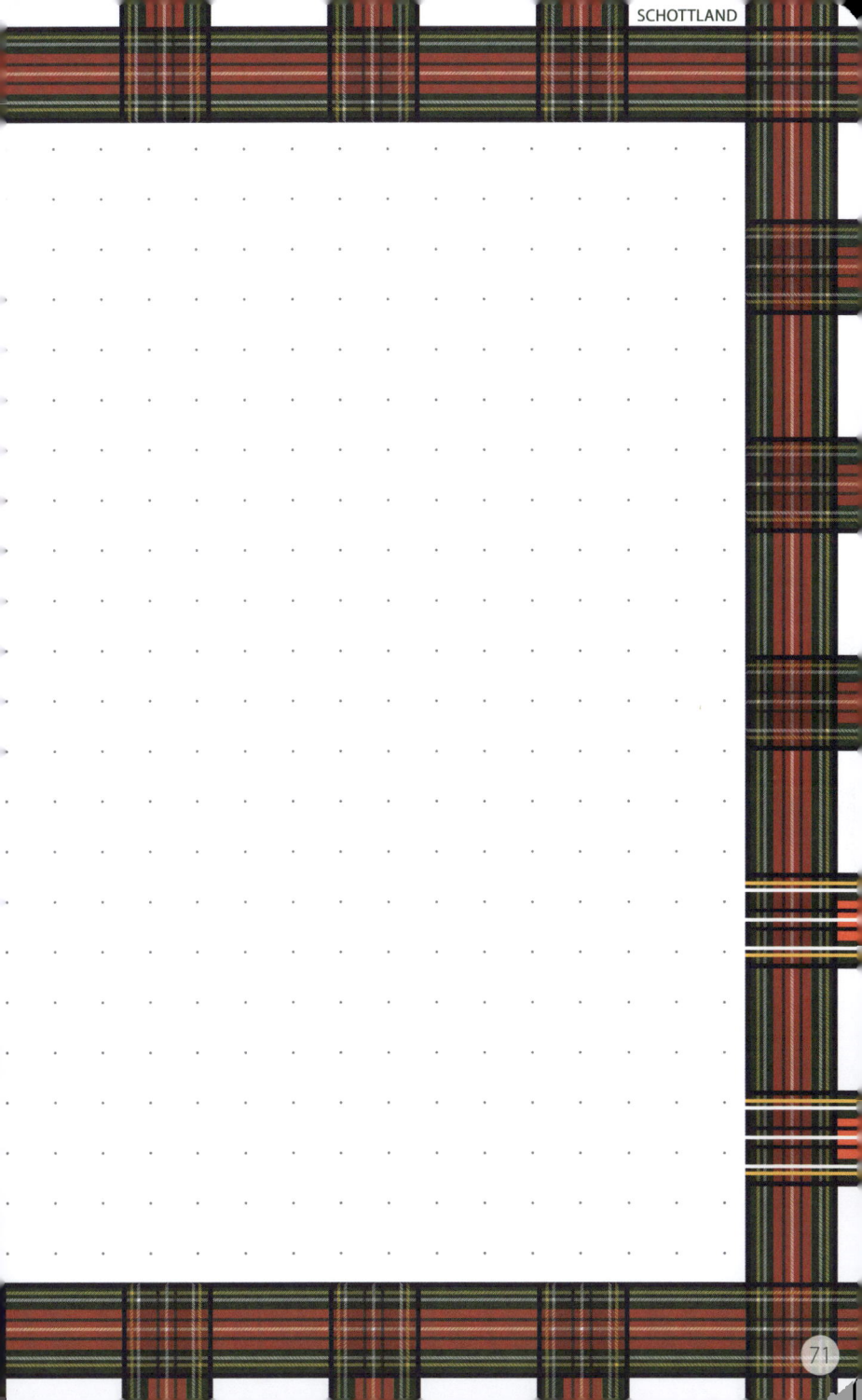

BELGIEN

91

Dies & Das

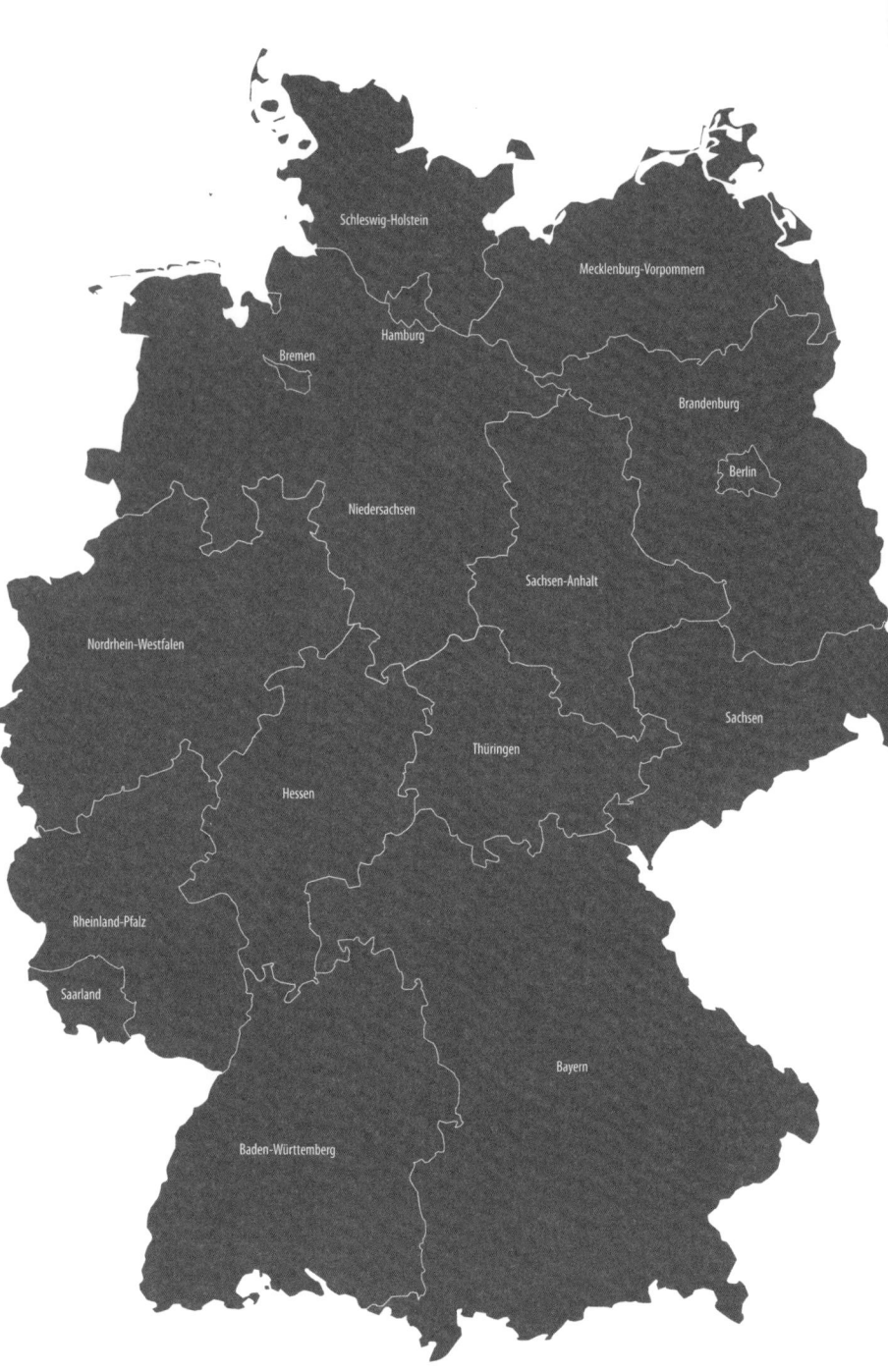

Schleswig-Holstein

Mecklenburg-Vorpommern

Hamburg

Bremen

Brandenburg

Berlin

Niedersachsen

Sachsen-Anhalt

Nordrhein-Westfalen

Sachsen

Thüringen

Hessen

Rheinland-Pfalz

Saarland

Bayern

Baden-Württemberg

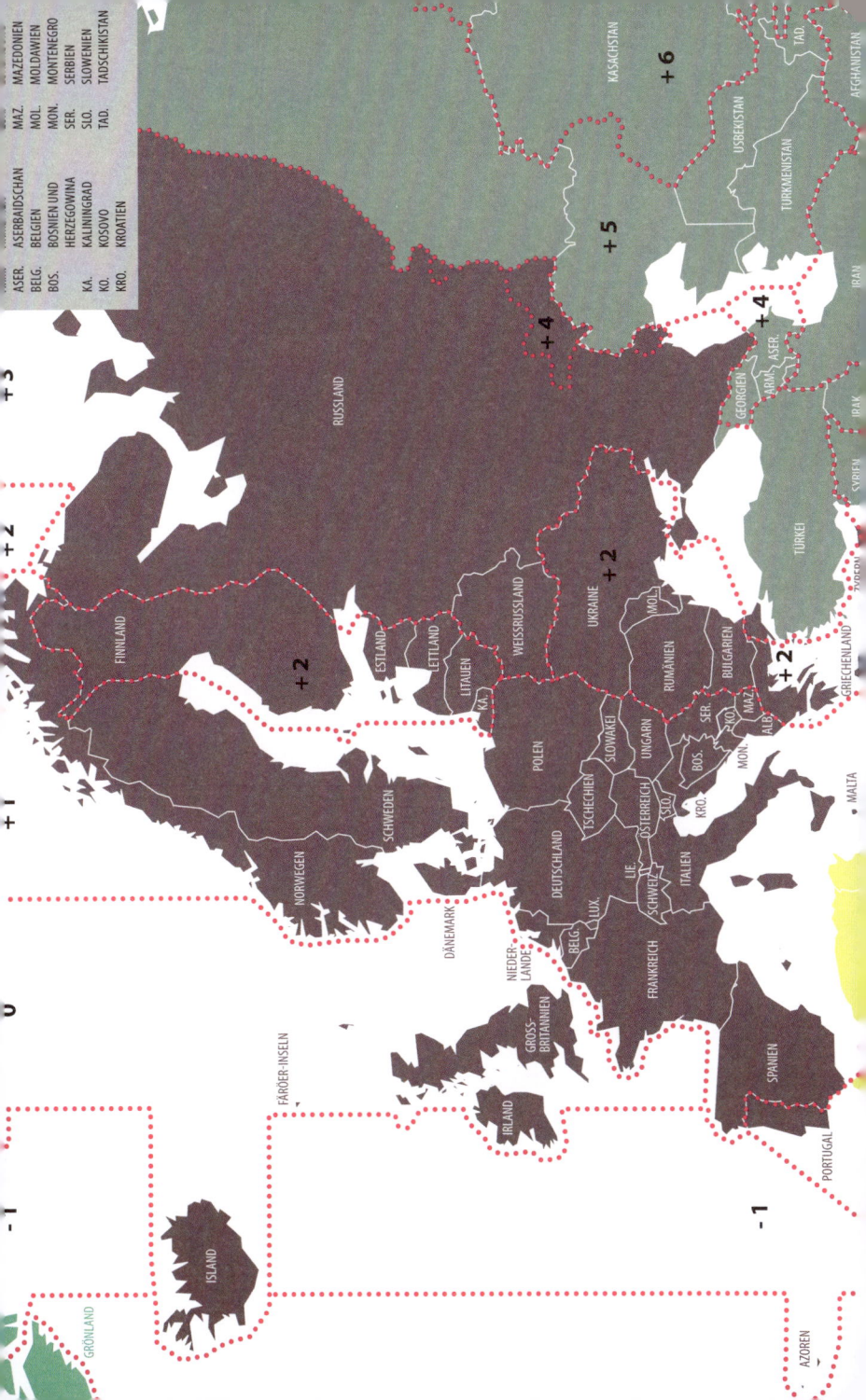

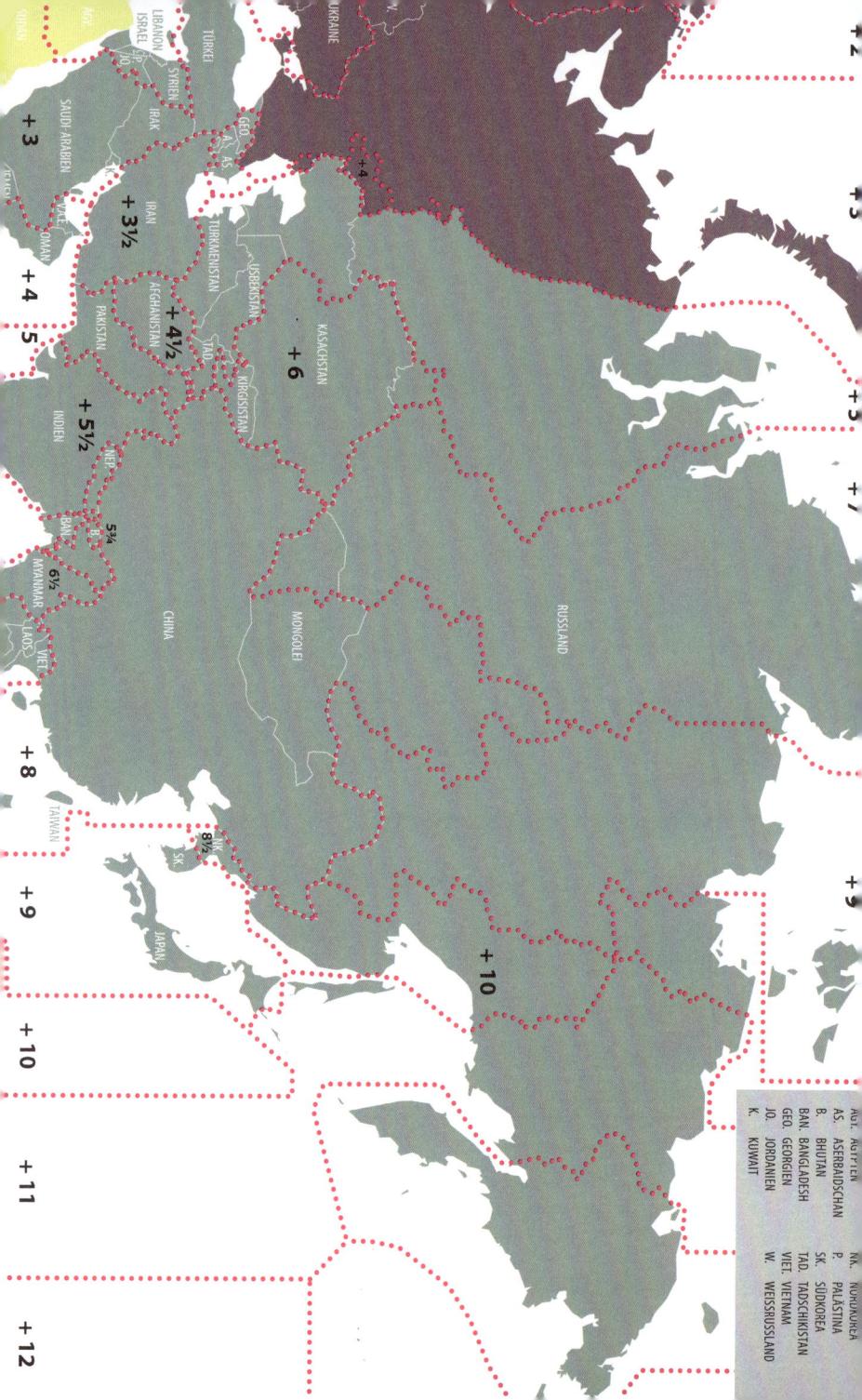

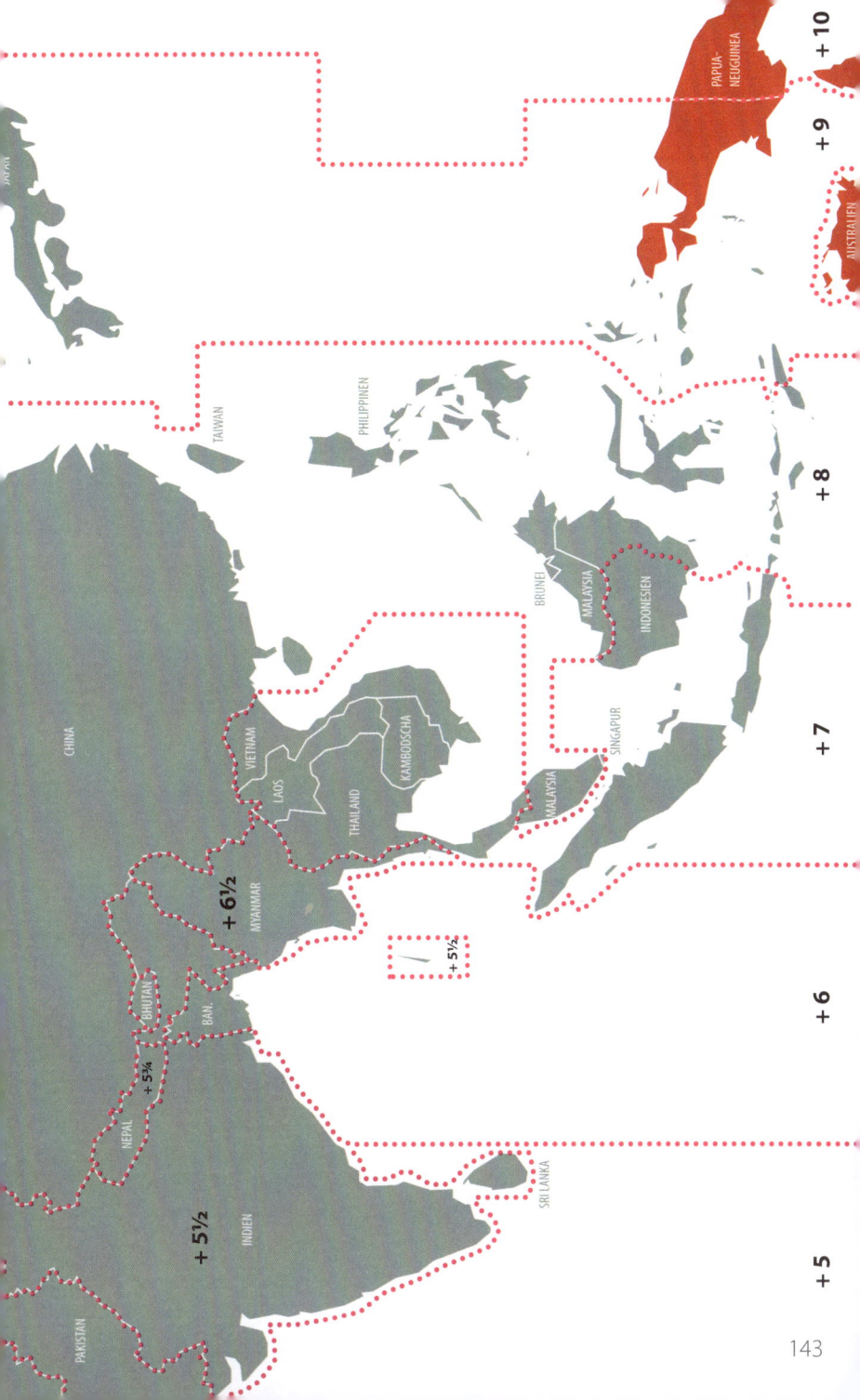

+10

+9

PAPUA-
NEUGUINEA

+8

AUSTRALIEN

JAPAN

TAIWAN

PHILIPPINEN

+8

CHINA

VIETNAM

LAOS

KAMBODSCHA

THAILAND

BRUNEI

MALAYSIA

INDONESIEN

+7

MYANMAR

MALAYSIA

SINGAPUR

+ 6½

+ 5¾

+ 5½

BHUTAN

BAN.

+ 6

NEPAL

INDIEN

+ 5½

SRI LANKA

PAKISTAN

+ 5

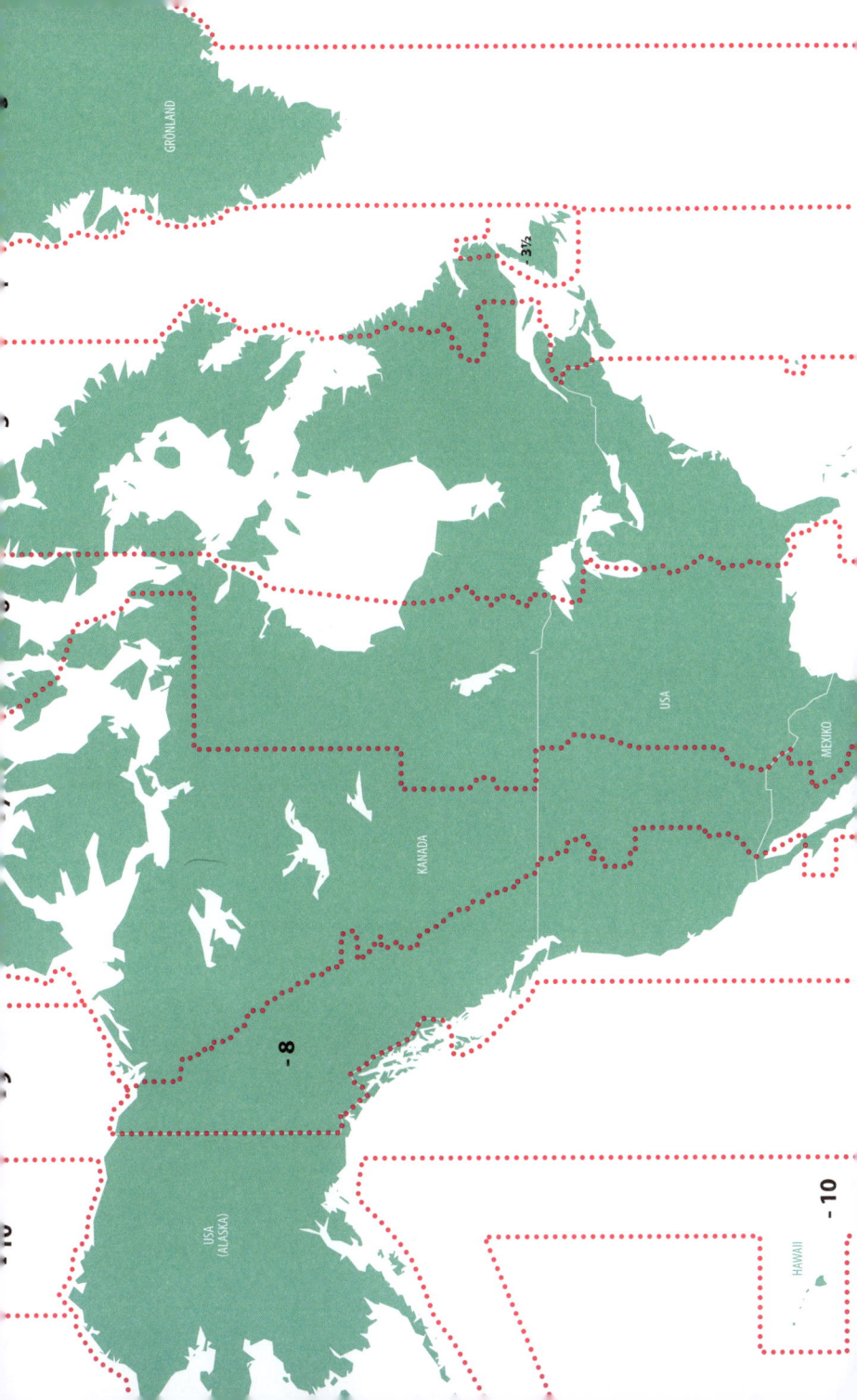

GRÖNLAND

3½

USA

MEXIKO

KANADA

-8

USA
(ALASKA)

-10

HAWAII

MEXIKO

BAHAMAS

CUBA

HAITI   DOMINIKANISCHE REPUBLIK

BELIZE

JAMAIKA   PUERTO RICO

GUATEMALA
EL SALVADOR

HONDURAS

NICARAGUA

PANAMA

COSTA RICA

TRINIDAD UND TOBAGO

VENEZUELA

GUYANA

SURINAM

FRANZ. GUYANA

KOLUMBIEN

GALAPAGOS-INSELN

ECUADOR

PERU

BRASILIEN

BOLIVIEN

CHILE

PARAGUAY

URUGUAY

ARGENTINIEN

FALKLANDINSELN

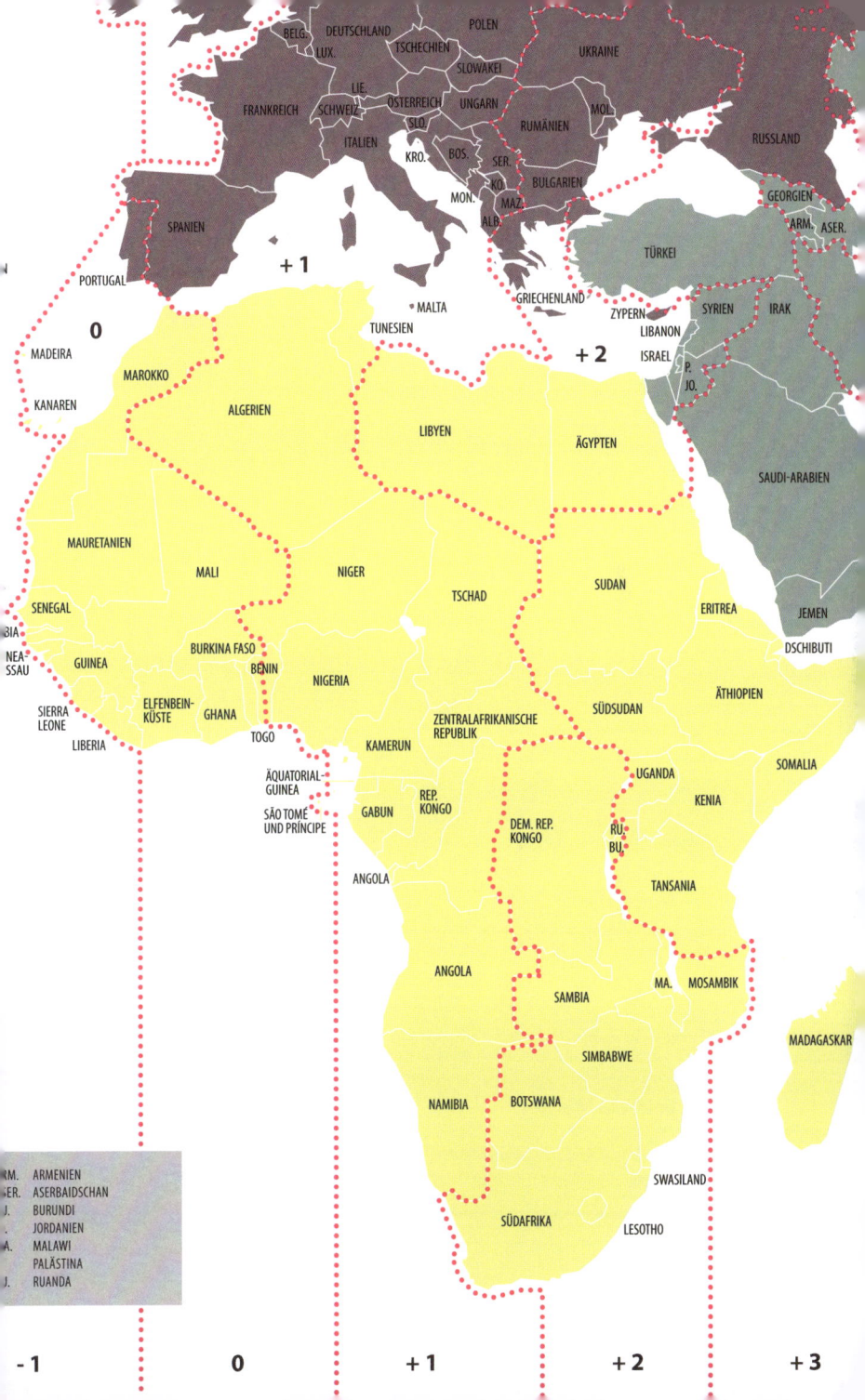

Länge

1 mm	=	0,001 m
1 cm	=	0,01 m
1 dm	=	0,1 m
1 km	=	1.000 m
1 line	=	0,00211 m = 1/12 inch = 1/144 foot
1 inch	=	0,0254 m
1 link	=	0,201168 = 1/25 rod = 11/50 yard
1 foot	=	0,3048 m = 12 inches = 144 line
1 yard	=	0,9144 m = 3 feet
1 rod	=	5,0292 m = 198 inch = 25 link
1 furlong	=	201,168 m = 220 yards
1 statute mile	=	1.609,344 m = 8 furlong = 1760 yard
1 sun	=	1/33 m
1 cun	=	1/30 m
1 chi	=	1/3 m
1 bu	=	10/6 m
1 Linija	=	0,00254 m = 10 Toschka
1 Djuim	=	0,0254 m = 1 inch = 10 Linija
1 Werschok	=	0,04445 m = 1,75 Djuim
1 Tschetwert	=	0,1778 m = 1/4 Arschin = 4 Werschok
1 Seemeile	=	1852 m = 1/60 Breitengrad
54 Seemeilen	=	ca. 100 km
x Seemeilen	=	Faustformel : Verdoppeln und - 10 %

Gewicht

1 mg	=	0,001 g
1 kg	=	1.000 g
1 t	=	1.000 kg
1 Unze	=	28,3495 g
1 Pfund	=	453,592 g = 16 unze
1 Stone	=	6350,29 g = 14 Pfund
1 Short Ton	=	907,185 kg = 2.000 Pfund

Flüssigkeiten

1 ml	=	0,001 l = 1 dm^3
1 l	=	1.000 ml
1 unze (U.S.)	=	29,5735 ml
1 cup (U.S.)	=	0,24 l
1 pint (U.S.)	=	0,473176 l = 16 unze (U.S.)
1 quart (U.S.)	=	0,946353 l = 2 pint (U.S.)
1 gallon (U.S.)	=	3,78541 l = 8 pint (U.S.)
1 unze (G.B.)	=	28,4131 ml
1 cup (G.B.)	=	0,284131 l = 10 unze (G.B.)
1 pinte (G.B.)	=	0,568261 l = 2 cup (G.B.)
1 quart (G.B.)	=	1,13652 l = 2 pinte (G.B.)
1 gallon (G.B.)	=	4,54609 l = 4 quart (G.B.)

Temperatur

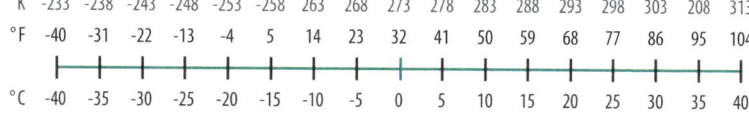

K	-233	-238	-243	-248	-253	-258	263	268	273	278	283	288	293	298	303	208	313
°F	-40	-31	-22	-13	-4	5	14	23	32	41	50	59	68	77	86	95	104
°C	-40	-35	-30	-25	-20	-15	-10	-5	0	5	10	15	20	25	30	35	40

Geschwindigkeit

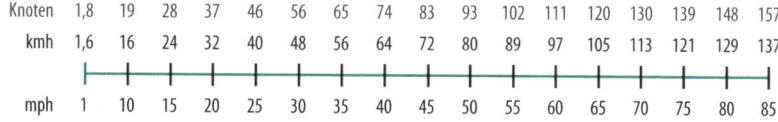

Knoten	1,8	19	28	37	46	56	65	74	83	93	102	111	120	130	139	148	157
kmh	1,6	16	24	32	40	48	56	64	72	80	89	97	105	113	121	129	137
mph	1	10	15	20	25	30	35	40	45	50	55	60	65	70	75	80	85

149

Packliste

PAPIERKRAM

KLEIDUNG

ACCESSOIRES

KULTURBEUTEL

MEDIKAMENTE

ELEKTRONIK

SONSTIGES

Budgetliste

Ausgaben

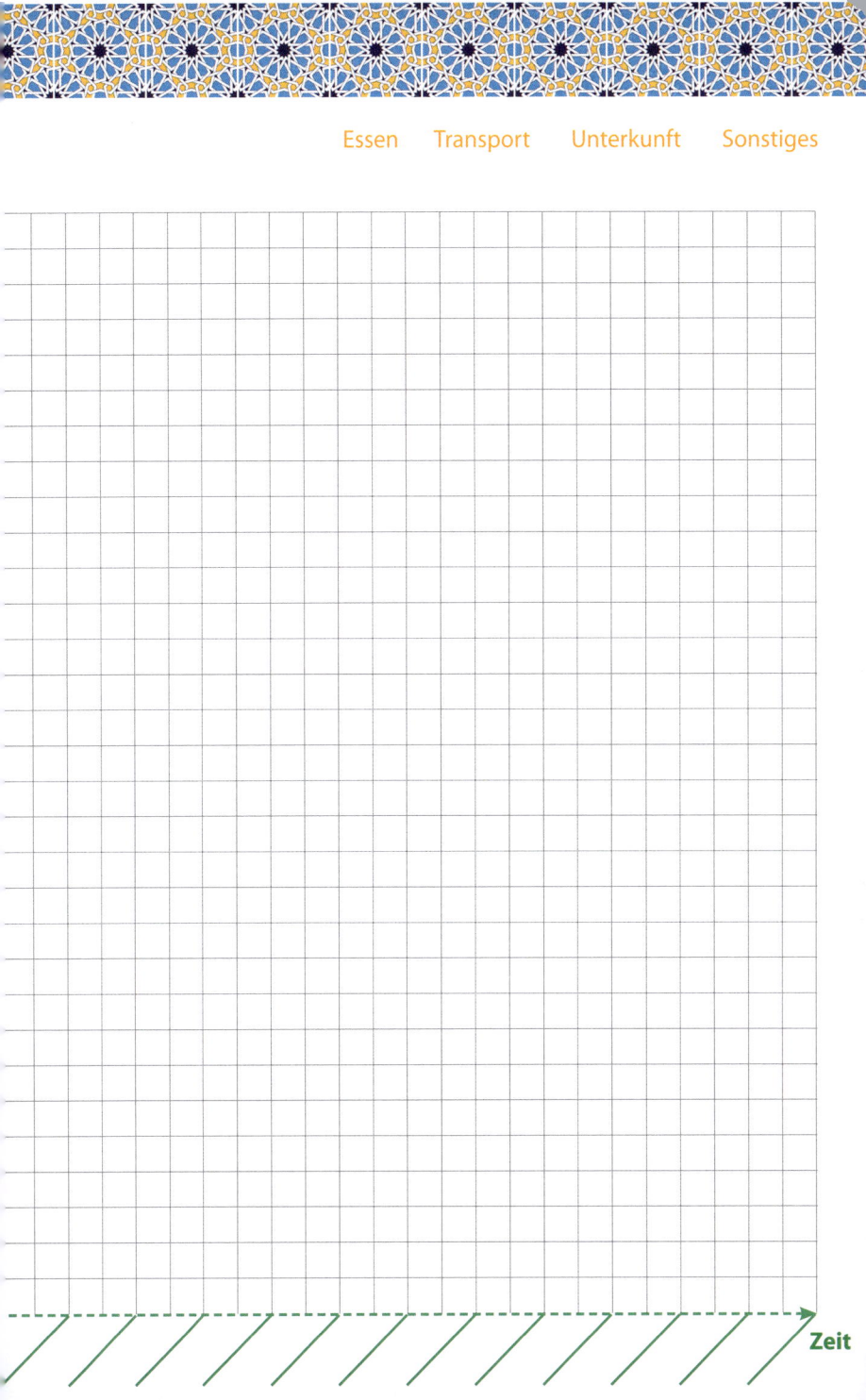

Essen   Transport   Unterkunft   Sonstiges

Zeit

Notizen & Adressen

Europaweite Notruf-Nummer
112
Sperr-Notruf für EC- und Kreditkarten
+49 116 116
Notruf-Nummer des Auswärtigen Amte
+49 03 01 8-170

Personalausweisnummer

Krankenversicherungsnummer

Reiseversicherungsnummer

157

Bildnachweis

Reisetagebuch – Notizen von unterwegs
Franziska Feldmann, Gunda Urban-Rump
ISBN: 978-3-8317-3020-9
Illustriert mit alten Stichen von Tieren, Pflanzen
und Fortbewegungsmitteln aus aller Welt und
aufgelockert mit Gedanken und Zitaten zum Reisen